Aldo Boetto

Soy Mozart

Colección
FLAUTA DE PAN
de iniciación a la música

DE COMO WOLFGANG AMADEUS MOZART RECORDO MOMENTOS DE SU VIDA DESPUES DE EVITAR UN APRETON DE DEDOS

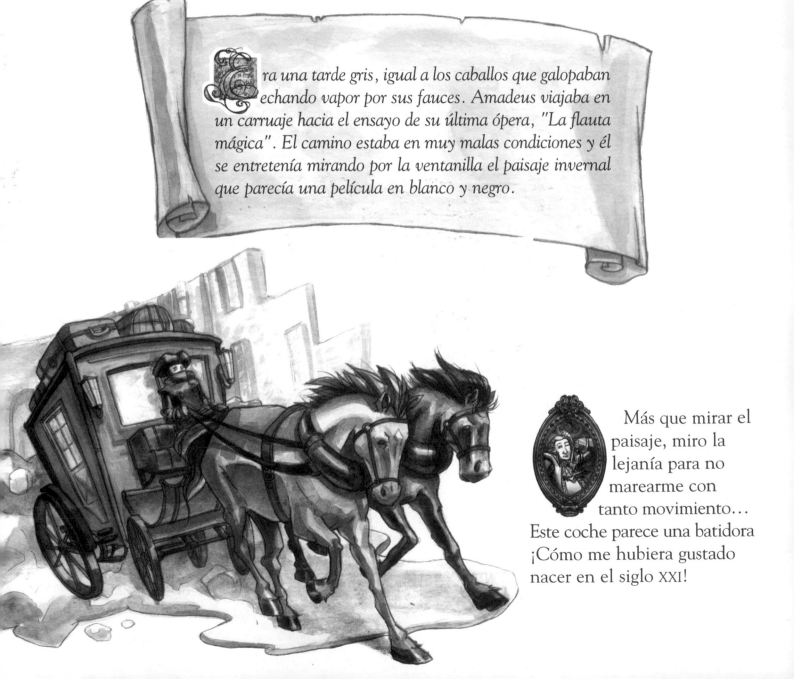

Era una tarde gris, igual a los caballos que galopaban echando vapor por sus fauces. Amadeus viajaba en un carruaje hacia el ensayo de su última ópera, "La flauta mágica". El camino estaba en muy malas condiciones y él se entretenía mirando por la ventanilla el paisaje invernal que parecía una película en blanco y negro.

Más que mirar el paisaje, miro la lejanía para no marearme con tanto movimiento... Este coche parece una batidora ¡Cómo me hubiera gustado nacer en el siglo XXI!

La puerta de su derecha se abrió de repente, dejando entrar el frío glacial. Amadeus intentó cerrarla, pero antes de que lo lograra, un sacudón del coche la cerró con tanta fuerza que apenas tuvo tiempo de retirar los dedos para no lastimarse.

¡Casi me aplasto los dedos! Como aquel día, en Munich, junto a esa ventana. Mi padre había organizado una gira de presentaciones por varios palacios. A la gente rica y a los nobles les encantaba ver a un niño de cinco años, tan simpático y agraciado como yo, tocando el piano y el violín. Las señoras de la nobleza morían de admiración por mí, y nos pagaban muy bien por el privilegio de oír mi música.

Aquel día, en Munich, estábamos esperando la hora del concierto y eso me aburría bastante, así que me puse a mirar a dos pájaros que saltaban de una rama a otra en un árbol del jardín. Era maravilloso ver cómo armaban su nido con ramitas y hojas que traían desde lejos. Me acerqué a la ventana y de pronto, el viento la cerró con fuerza. No hubiera pasado nada, pero mi dedo índice recibió el apretón más fuerte que se puedan imaginar. Me puse a llorar a gritos. Los pájaros volaron despavoridos y vi a mi padre que se acercaba dando grandes pasos con una cara que ya conocía, y que no me gustaba nada.

—¡Amadeus! ¿Cuántas veces te he dicho que cuides tus manos? Son tus herramientas de trabajo. Esos dedos e darán de comer el resto de tu vida. ¡Si llego a ver que no te cuidas, sentirás algo más doloroso que el apretón de una ventana!

Me asustó tanto lo que dijo, que el dolor desapareció como por arte de magia. Esa tarde toqué el piano mejor que nunca.

El padre se llamaba Leopold y era violinista. Educaba a sus hijos con severidad y tenía una idea fija: convertir a Amadeus en un gran músico.

A ustedes les puede parecer aburrido, pero el joven Mozart disfrutaba de la vida, a pesar de la dura disciplina que le imponía su padre. Reía, cantaba y hacía travesuras como todos los niños. A veces recibía castigos, como aquella vez, cuando saltó desde un árbol para sorprender a su hermana Nannerl que pasaba por allí.

Pero el sorprendido fui yo, porque Nannerl esquivó mi cuerpo y caí de cabeza en el barro. Mi ropa quedó irreconocible. Se imaginarán a mi padre cuando me vio… no me dejó salir de la casa por una semana. ¡Sí, ni un día más ni un día menos!

Por suerte yo tenía el piano y el violín para entretenerme, y en esa semana compuse unas cuantas melodías que después dieron que hablar…

Pero mi padre no sólo me castigaba, también me alentaba y corregía con paciencia. Gracias a él, logré una disciplina creativa que me sirvió para mi carrera como músico.

El joven Mozart vivió gran parte de su vida viajando. Y en el siglo XVIII, trasladarse de un lugar a otro no era tan fácil como en la actualidad.

Las primeras giras por las cortes europeas empezaron cuando tenía menos de cinco años. Tocó el piano y el violín en París, después en Londres, en Munich y en varias ciudades más.

Teníamos que viajar en carruajes tirados por caballos durante días enteros. Atravesábamos montañas por caminos de piedra llenos de pozos. Cuando terminaba la travesía, nos dolía todo el cuerpo.

Pero para mí, por malo que hubiera sido el viaje, no existía mayor felicidad que la de llegar a destino. Las voces de la gente en las calles, los gritos de los vendedores ambulantes, los niños que correteaban con sus perros ladrando, todo era música para mis oídos. Compuse tanto durante mis viajes, que por momentos pensé que eran parte de mi inspiración.

La inspiración y las horas de ensayo le brindaron grandes momentos de felicidad a Amadeus. Cuando tenía trece años lo nombraron **konzertmeister** del arzobispado de Viena. Se sentía el muchacho más afortunado de la ciudad.

¡Y cuando el Papa me entregó la distinción de Caballero de la Espuela de Oro sentí tanta emoción, que mi pecho tembló como una cuerda de violín!

Esas distinciones le abrirían muchas puertas al talentoso Amadeus.

Y también me cerrarían otras…
Un año después conocí al conde
Girolamo Colloredo. Sus palabras
de bienvenida todavía retumban
en mis oídos:
—¡Joven W.A. Mozart! Quiero que
escuches atentamente. Te lo diré una
sola vez: tendrás una asignación fija,
y a cambio deberás cumplir con todas
tus obligaciones. Y la principal será
obedecer mis órdenes. ¿Entendido?

Tuvo que decir que sí… Pero el conde advirtió en la cara de Amadeus una señal de desagrado y se puso a gritar furioso, mientras lo fusilaba con una mirada de loco que el joven no pudo olvidar durante el resto de su vida.

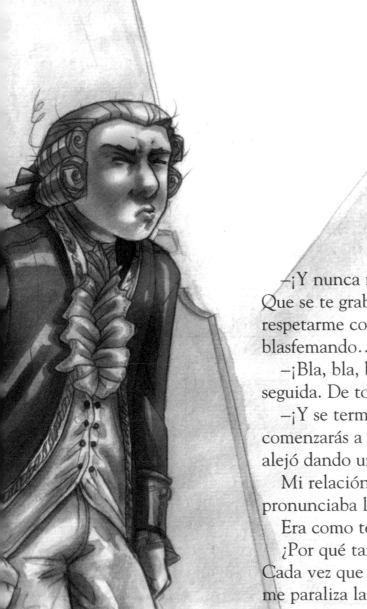

—¡Y nunca más hagas esos gestos mientras estoy hablando! Que se te grabe en el cerebro, W. A. Mozart. Deberás respetarme como si fuera el rey. ¡Si llego a descubrirte blasfemando…!

—¡Bla, bla, bla… y más bla, bla! Habló como una hora seguida. De todo, sólo recuerdo sus últimos gritos:

—¡Y se terminaron tus largos viajes W. A. Mozart! Desde hoy comenzarás a componer más música religiosa –y Girolamo se alejó dando un portazo.

Mi relación con el conde fue una tortura. Cada vez que pronunciaba las iniciales de mi nombre… me enardecía.

Era como tener una brasa dentro del zapato…

¿Por qué tardé tanto tiempo en renunciar? ¿A qué le temía? Cada vez que pienso que estuve diez años bajo sus órdenes, se me paraliza la mente y no puedo escribir una sola nota.

En esa época el corazón de Amadeus bailaba de
amor por Aloysia Weber. Tal vez por eso tuvo la fuerza
de comenzar una nueva etapa en su vida.

Empecé a componer lo que me daba la gana. La
música brotaba con una facilidad asombrosa. No
podía parar de escribir. Cumplí mis veinticinco años
con la sensación de que iba a explotar. Mi cuerpo
era la música misma. Lo único que me hacía sufrir
era mi amor por Aloysia. Porque ella ni siquiera me
miraba…

Mi último intento de conquistarla fue un domingo por la mañana. La descubrí de pura casualidad.

Estuve un rato espiándola en secreto… ¡Ella estaba radiante! Toda vestida de blanco, miraba con deleite un campo cubierto de flores silvestres de todos los colores. Yo estaba embobado… De repente, se me ocurrió una idea: hice un ramo con flores amarillas y se lo entregué sin decirle una palabra.

Ella las miró y frunció la nariz, como si le hubiera regalado un racimo de cucarachas. No sólo no me miró, sino que ni las gracias me dio… Después su hermana me contó que esas flores estaban llenas de unos bichitos que le dieron picazón en todo el cuerpo. ¡Cada vez que me acuerdo, no sé si morirme de risa o ponerme a llorar!

Así que Amadeus, cansado de esperar, se casó
con Constance, la hermana de Aloysia.
Los tiempos que siguieron fueron malos…

¡Malos? ¡Malísimos! Al dinero no le sentíamos ni el olor. No había manera de conseguir trabajo. Pero a pesar de la tristeza económica, mi fuego de compositor era cada vez más grande. Tenía tantas melodías para escribir, que hubiera necesitado toneladas de pentagramas para hacerlo.

¿Por qué será que cuando dejamos de tener dinero y fama perdemos muchos amigos? Antes, cuando era joven y famoso, la gente me saludaba y me sonreía. Muchos desconocidos se acercaban a preguntarme si necesitaba algo… Ahora que preciso trabajo y plata, no tengo a quién pedirle una miserable moneda o un pedazo de pan.

Fui testigo de muchas bajezas en los palacios y sus alrededores. Pude ver cómo algunos sujetos hacían y decían cualquier cosa con tal de ganarse el favor de un poderoso.

Por ese tiempo, Amadeus conoció a un compositor italiano. Su nombre era Antonio Salieri. Este hombre, que llegó a ser director de la Ópera, tenía fama de inventar cualquier mentira para salir favorecido.

¡Y era verdad! Para ser sincero, ahora no tengo ganas de revivir malos momentos. Existen personas que es mejor olvidar. ¡Por más grande que sea el esfuerzo, hay que borrarlas de nuestra memoria!

Prefiero acordarme de mi mejor amigo, Joseph Haydn. ¡Con él sí que pasamos momentos extraordinarios! Compartió conmigo muchos de sus conocimientos. Fue la persona menos egoísta que yo haya conocido. Y la más talentosa. Nos divertíamos con nuestra música y cuando estábamos juntos las horas pasaban como si fueran minutos. Estuvimos tardes enteras componiendo… Hasta Constance se ponía celosa de nuestra amistad.

En medio de los hermosos recuerdos de Amadeus, apareció en la ventanilla de su carruaje la cara de un hombre que lo miró con ojos de vaca.

–¿Qué hace? ¡Me asustó, hombre…!

–Me encargaron preguntarle si ya terminó el Réquiem.

–¡No tengo nada que decirle a usted! Bájese inmediatamente.

–Mi amo exige que le entregue la partitura…

–Yo no conozco a su amo. Y permítame que le diga: ¡ningún hombre debería tener amo!

–Yo estoy orgulloso de ser lacayo del conde Franz Walsseg…

–Entonces, orgulloso lacayo, dígale a su amado amo que algún día terminaré el Réquiem… ¡Cuando esté listo para morirme! ¡Y ahora, adiós, pusilánime!

¡Uf! Cada día me sorprendo más con cierta gente… ¿Cómo se puede ser tan servil? ¡Bah…! No debo perder tiempo con personas así.

¿Por qué habré dicho eso de "cuando esté listo para morirme"? A veces me sorprendo con las cosas que digo… Aprovecharé este viaje para escribir ese Réquiem de una buena vez. Mis amigos, tengo que decirles adiós ¡Arrivederci!

El gran compositor nunca terminó el tema que le había encargado el conde Walsseg. Mozart murió antes de cumplir los treinta y seis años, pero su vida estuvo llena de grandes alegrías, fruto de su inmensa vocación creadora. Sobre el final de sus días pudo asistir al estreno de una de sus óperas, que sería en el futuro una de las más conocidas, y que lleva como título "La flauta mágica".

LA FLAUTA MÁGICA

Esta historia que van a escuchar trata de sucesos maravillosos y muy extraños. Así que presten atención, porque hallarán serpientes gigantes, hadas malvadas y ángeles. Temblarán ante la presencia de la Reina de la Noche y oirán las fabulosas melodías de la flauta mágica.

Comienza un día en que tres hadas que estaban al servicio de la temible Reina de la Noche bajan a la tierra y ven a un príncipe correr y correr, perseguido por una serpiente gigante.

–¡Debemos salvarlo! –dicen las hadas–. ¡Es el príncipe Tamino!

Rápidamente, atraviesan con una lanza el corazón de la serpiente que cae muerta en el acto. En ese momento, el príncipe también cae, desmayado.

–¡Qué atractivo es! –dicen las hadas cuando se acercan a mirarlo–. Debemos contar este suceso a la Reina de la Noche.

Y las tres se desvanecen al instante.

Casualmente, pasa por el lugar Papageno, un cazador de pájaros que lleva sobre su cuerpo muchas jaulas y plumas colgadas. Viene cantando su canción favorita, que dice algo así como "¡qué buen cazador de pájaros que soy!". En eso, tropieza con Tamino y ve el cuerpo de la serpiente, justo en el momento en que el príncipe abre los ojos.

–No debes temer, mi señor, la serpiente ha muerto –se apresura a decir Papageno.

–¡Oh, tú eres mi salvador! –susurra el príncipe, emocionado.

–No me agradezcas… no ha sido nada…

De pronto aparecen las tres hadas que le dicen:

¡Eres un mentiroso, Papageno! ¡Te cerraremos la boca para que no te escuche la Reina de la Noche!

Y le colocan al cazador de pájaros un candado en la boca.

Papageno se pone a temblar, porque no hay nada que tema más que a la Reina de la Noche.